快递业务百问

国家邮政局职业技能鉴定指导中心　编写

中国言实出版社

图书在版编目(CIP)数据

快递业务百问 / 国家邮政局职业技能鉴定指导中心
编. — 北京:中国言实出版社,2015.8
　　ISBN 978-7-5171-1505-2

　　Ⅰ.①快… Ⅱ.①国… Ⅲ.①邮件投递—问题解答
Ⅳ.①F618.1-44

中国版本图书馆CIP数据核字(2015)第202070号

责任编辑:郭江妮

出版发行　中国言实出版社
　　　地　址:北京市朝阳区北苑路180号加利大厦5号楼105室
　　　邮　编:100101
　　　编辑部:北京市西城区百万庄大街甲16号五层
　　　邮　编:100037
　　　电　话:64924853(总编室)
　　　　　　　64924716(发行部)
　　　网　址:www.zgyscbs.cn
　　　E-mail:zgyscbs@263.net
经　　销　新华书店
印　　刷　廊坊市博林印务有限公司
版　　次　2015年9月第1版　　2015年9月第1次印刷
规　　格　880毫米×1230毫米　1/32　3.25印张
字　　数　67千字
定　　价　16.00元　　ISBN 978-7-5171-1505-2

前　言

　　快递业是现代服务业的关键产业，是推动流通转型、促进消费升级的现代产业，是物流领域的先导产业。快递服务关系经济民生，服务广大商家和亿万群众，在便利民众、吸纳就业、服务社会生产和推动经济社会发展等方面发挥着重要的基础性作用。快递业按照中央提出的"四个全面"战略布局和中国制造2025，大众创业、万众创新等战略部署，坚持提质增效，转型升级，加强创新驱动，提出普惠邮政、智慧邮政、安全邮政、诚信邮政、绿色邮政的建设目标，主动适应经济发展新常态，加快推进与小康社会相适应的现代邮政业建设进程。

　　为推进"五个邮政"建设，加快行业转型升级，不断提升快递企业服务质量和从业人员服务水平，应广大快递企业需求，国家邮政局职业技能鉴定指导中心组织行业（企业）专家、学者经过1年多的努力，编写完成了《快递业务百问》。本书是根据《中华人民共和国邮政法》等法律、法规，以《快递服务》国家标准，《快递业务员》国家职业技能标准以及《快递业务操作指导规范》等标准、规范为依据，结合快递企业生产实际，按照快递服务操作流程，针对快递一线业务人员编写的业务指导手册。

　　本书遵循简洁实用生动的原则，以漫画人物形象一问一答的形式对业务人员日常工作中经常遇到的工作重点、难点和关键点进行介绍和说明，生动形象，利于掌握和记忆。本书以"口袋书"形式出版，业务人员可以随身携带，随时查找学习，通过使用，不断提高业务技能和职业素质，规范操作，满足快递企业人员培训工作需要，进一步促进快递服务操作流程化、规范化、标准化，不断提升快递服务质量和水平。

本书在编写过程中，得到了各方面的大力支持和帮助：山东工程技师学院的专家、学者承担了本书内容的具体编写任务；国家邮政局相关司局，邮政业安全中心、部分省快递协会和邮政行业职业技能鉴定专家委员会的相关负责同志和专家对本书的编写提出了很多很好的意见建议；特别是百世物流科技（中国）有限公司、中外运 - 敦豪国际航空快件有限公司、中通速递股份有限公司、上海圆通速递有限公司、申通快递有限公司、上海韵达货运有限公司的相关业务和培训专家为本书的编写提供了许多帮助和建议，在此一并表示衷心感谢！

国家邮政局职业技能鉴定指导中心

2015 年 7 月

目录

1

目

录

第二篇　快件处理业务

目
录

第一篇
快件收派业务

大家好！我叫快快哒，是一名刚刚加入企业的新员工，我有好多问题需要请教我的师傅速速哒。你在工作中遇到问题了吗？我们一块来学习快件收派的相关知识吧！

大家好！我叫速速哒，我从事快件收派作业已经 8 年啦，下面我把在工作中的经验与大家一块分享。你们有什么问题可以找我，我会全力帮助你们，请不要客气哦！

1

快件收寄

1. 到客户处取件之前，应确认哪些信息？

有客户要寄件，我取件之前，需确认哪些信息呢？

> 寄件人的姓名、地址、电话；
> 寄达地；
> 寄递物品的名称、数量、重量、规格及包装要求；
> 取件时间。

2. 不能在约定的时间上门取件怎么办？

不能在约定的时间上门取件怎么办？

> 在约定时间前与客户取得联系，表示歉意后说明情况；
> 若客户仍需寄件，可与客户协商再次约定上门取件时间；
> 若客户取消寄件，再次表达歉意。

3. 为防止揽收违禁品，应该特别留意哪些寄件人？

为防止揽收违禁品，我应该特别留意哪些寄件人？

> 精神紧张、言行可疑、伪装镇静者；
> 含糊其词、语言前后矛盾者；
> 故意遮掩面部或过分化妆者；
> 表现异常、催促检查者；
> 态度蛮横、不愿接受检查者；
> 营业时间将结束、匆忙寄件者；
> 非固定场所（车站、宾馆、广场等）寄件者。

4. 收寄验视时，应该询问客户哪些问题？

收寄验视时，我应该询问客户哪些问题呢？

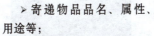

> 寄递物品品名、属性、用途等；
> 贵重物品是否需要保价。

第一篇　快件收派业务

5.收寄验视时，应该特别注意哪些快件？

收寄验视时，应该特别注意哪些快件？

> ➢ 均匀透明、淡黄色至棕色、油状或黏稠状态等液体物质；
> ➢ 粉末状固态可疑物质；
> ➢ 罐状物品、玩具、电器，中空的金属管、服装夹层等；
> ➢ 有拉链或夹层的物品；
> ➢ 有刺激性气味的物品。
> ➢ 既要查看交寄物品本身，也要查看快件的填充材料、封装材料。

油状液体

粉末物质

中空金属管

6. 寄件人拒绝验视快件，如何处理？

寄件人拒绝验视快件，我该怎么办？

如寄件人拒绝你验视快件，不予收寄，并做好解释工作。

7. 收寄信件类快件时，需要注意什么？

收寄信件类快件时，需要注意什么？

➢ 国家机关公文和私人信函不能收寄，有些企业还不能收寄国内信件；

➢ 发现可能夹寄禁寄或限寄的物品时，要求寄件人开拆，进行验视，但不得检查信件内容；

➢ 如寄件人拒绝开拆，不予收寄。

8. 在酒店、车站等非固定场所收寄快件时，应该注意哪些事项？

在酒店、车站等非固定场所收寄快件时，应注意哪些事项？

➤ 核实寄件人身份证件；
➤ 仔细验视寄递物品。

9. 对不能确认安全的寄递物品，如何处理？

对不能确认安全的寄递物品，应如何处理？

要求寄件人出具身份证明及相关部门的物品安全证明，核对无误后，方可收寄。不能出具安全证明的，不予收寄。

10. 国家规定的禁寄物品有哪几类?

禁寄物品分为哪几类?

禁寄物品大致可以分为十四大类,如下图所示。

第1类: 各类武器、弹药

  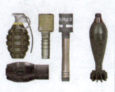

| 自制枪支、弹药 | 猎枪 | 炮弹 |

第2类: 各类易爆炸性物品

| 手榴弹 | 烟花爆竹 | 雷管 |

第一篇 快件收派业务

第 3 类：各类易燃烧性物品		

汽油	气雾剂	打火机

安全火柴	白磷	硫磺
第 4 类：各类易腐蚀性物品		

硫酸	硝酸	盐酸

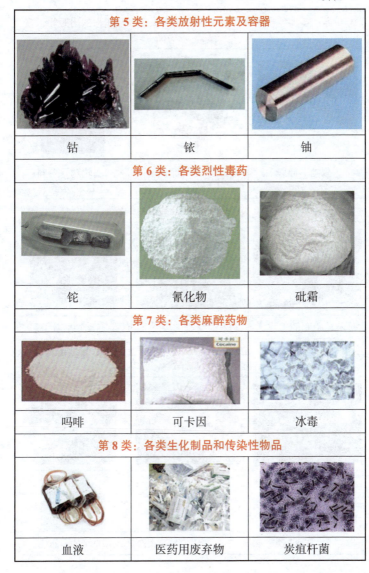

第 5 类：各类放射性元素及容器		
钴	铱	铀
第 6 类：各类烈性毒药		
铊	氰化物	砒霜
第 7 类：各类麻醉药物		
吗啡	可卡因	冰毒
第 8 类：各类生化制品和传染性物品		
血液	医药用废弃物	炭疽杆菌

第一篇 快件收派业务

第9类：各种危害国家安全和社会政治稳定以及淫秽的出版物、宣传品、印刷品		

"藏独"旗帜（分裂分子）	"东突"标识（恐怖分子）	"法轮功"资料（反动分子）
第10类：各种妨害公共卫生的物品		

未经硝制的兽皮	未经药制的兽骨	动物肢体
第11类：国家法律、法规、行政规章明令禁止流通、寄递或进出境的物品		

管制刀具仿真武器	象牙	穿山甲
第12类：包装不妥，可能危害人身安全、污染或者损毁其他寄递件、设备的物品		
第13类：各寄达国（地区）禁止寄递进口的物品		

第 14 类：其他（比如：未加消磁包装的磁性物品禁止航空寄递）

磁铁	音响	验钞机

11. 常见的限寄物品有哪些？

> 常见的限寄物品有哪些？

> ➢金银等贵重金属及制品；
> ➢国家货币、外币及有价证券；
> ➢无线电收发信机、通信保密机；
> ➢贵重中药材及其制成药（麝香不准寄递出境）；
> ➢一般文物（指 1795 年后的，可以在文物商店出售的文物）；
> ➢海关限制出境的其他物品。

第一篇　快件收派业务

我国海关对限制寄递物品的限量和限值规定

（1）限量

在国内范围互相寄递的物品，如卷烟、雪茄烟每件以两条（400支）为限，两种合寄时也限制在400支以内。寄递烟丝、烟叶每次均各以5kg为限，两种合寄时不得超过10kg。每人每次限寄一件，不准一次多件和多次交寄。

（2）限值

个人寄自或寄往港、澳、台地区的物品，每次限值为800元人民币；中药材、中成药每次限值100元人民币。个人寄自或寄往其他国家和地区的物品，每次限值为1000元人民币；中药材、中成药每次限值200元人民币。

12. 收寄时发现剧毒物品，如何处理？

收件时发现剧毒物品怎么办？

➢ 拒绝收寄；
➢ 注意自我保护，不嗅、摸物品；
➢ 及时报告。

13. 快件的重量及规格有哪些要求？

快件的重量及规格要求是多少？

快件封装时，单件重量应当不超过 50 千克；最大任何一边的长度不超过 150 厘米，长、宽、高三边长度之和不超过 300 厘米。

a≤150cm
b≤150cm
c≤150cm
a+b+c≤300cm

14. 当客户交寄物品超过公司规定的重量或规格时，如何处理？

当客户交寄物品超过公司规定的重量或规格时，该如何处理？

建议客户将物品拆分成多件交寄；如无法拆分，向客户说明情况，建议选择运输渠道。

13

15. 快递运单有哪些作用？

快递运单有哪些作用？

> ➢ 是一种格式合同，寄件人与快递企业双方签名或盖章后具备法律效力；
> ➢ 是快递企业已接收快件的证明；
> ➢ 是付费方和快递企业据以核收费用的账单；
> ➢ 是国际件报关的必备单证；
> ➢ 是快递企业安排内部业务的依据。

16. 如何指导客户填写国内快递运单？

特别注意：
手机号码是否完整。

如何指导客户填写国内快递运单？

> ➢ 确保字迹清楚、工整，各联都清晰辨认；
> ➢ 寄、收件人的名、址、联系方式等内容填写完整，地址精确到门牌号码；
> ➢ 内件品名、种类、数量等信息填写准确；
> ➢ 不要替客户填写信息，务必请寄件人在确认阅读合同条款处签字。

17. 如何指导客户填写国际快递运单？

怎么指导客户填写国际快递运单？

> 寄、收件人的名址应使用英文书写；
> 申报价值应按实际价值以美元申报；
> 品名应用英文详细标注，不能模糊不全；
> 应准确填写始发地和目的地所在城市的机场三字代码。

18. 运单粘贴的注意事项有哪些？

运单粘贴需要注意什么呢？

> 运单粘贴要牢固、平整；
> 粘贴在最大平整面，避开骑缝线；
> 胶带不得覆盖条形码及签署栏；
> 粘贴多个快件时，避免贴错。

19. 如何正确粘贴保价、易碎贴纸？

怎样正确粘贴保价、易碎贴纸？

➢ 保价贴纸一般粘贴在包装箱每个表面的骑缝线上，也有在六条骑缝线上都粘贴，起封条作用。

➢ 易碎贴纸一般粘贴在包装箱对角线的两个角上，确保六面都能看到。

20. 寄件人未包装好快件，要求等待，如何处理？

寄件人没包装好快件，让我等待怎么办？

若时间允许，耐心等待；否则有礼貌地与客户沟通，另行约定取件时间。

21. 客户交寄不带原包装的手机时, 如何包装?

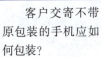

特别提示:
电池不可拆卸的手机不能通过航空寄递。

客户交寄不带原包装的手机应如何包装?

➢ 首先将手机的电池与主机分离;
➢ 然后将电池和主机分别用气泡纸缠绕;
➢ 将缠绕后的手机装入包装箱,如有空隙,需使用海绵或是泡沫板进行填充,填充至箱内快件不再晃动为宜,然后封箱。

①

②

③

④

17

22.客户交寄形状不规则的物品时，如何包装？

客户交寄形状不规则的物品时，怎么包装？

应选用比此物品更大的纸箱，用珍珠棉铺底后，将物品放入纸箱，然后用珍珠棉将物品淹没，使其固定在箱中不能晃动，并保证物品各个面与纸箱保持3cm以上的距离，然后将纸箱用胶带纸封闭（如下图）。

23. 如何判断快件包装的安全性？

 看：检查外包装是否有明显破损

 感：用手晃动快件，感觉内件物品与包装物内壁之间有无摩擦和碰撞

 听：用手晃动快件，听是否有声音

 搬：搬动快件，看是否有重心严重偏移现象

24. 什么是快件的实际重量、体积重量？

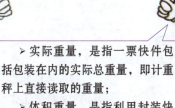

什么是快件的实际重量、体积重量？

> 实际重量，是指一票快件包括包装在内的实际总重量，即计重秤上直接读取的重量；

> 体积重量，是指利用封装快件的最大长宽高，通过规定的公式计算出来的重量。

国际航空运输协会（IATA）规定的轻泡快件重量计算公式如下：
长（厘米）× 宽（厘米）× 高（厘米）÷6000= 体积重量（公斤）

19

25. 哪些快件需计算体积重量?

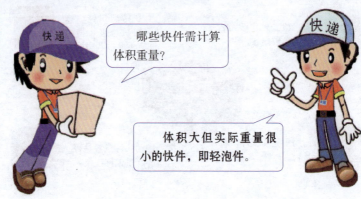

哪些快件需计算体积重量?

体积大但实际重量很小的快件,即轻泡件。

26. 收寄保价快件时,如怀疑寄递物品的申报价值高于实际价值,如何处理?

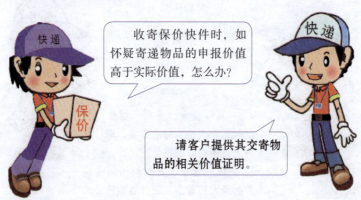

收寄保价快件时,如怀疑寄递物品的申报价值高于实际价值,怎么办?

请客户提供其交寄物品的相关价值证明。

27. 当客户交寄的物品价值较高，但拒绝保价，如何处理？

当客户交寄的物品价值较高，但拒绝保价，怎么办？

告知客户未保价快件与保价快件发生遗失、破损等情况下的赔偿标准，为保障客户权益，尽可能说服客户保价。

28. 当客户交寄物品的申报价值高于公司最高保价金额，并坚持交寄时，如何处理？

当客户交寄物品的申报价值高于公司最高保价金额，并坚持交寄时，怎么办？

向客户告知公司的最高保价金额，建议客户将物品分拆成多件交寄；若不能分拆，只能按照公司最高保价金额收寄。

29. 收派员未按时收取快件，客户以服务态度差为由要投诉，如何处理？

收派员未按时收取快件，客户以服务态度差为由要投诉，如何处理？

向客户致歉，说明未能及时收件的原因，争取客户的理解，避免投诉。

30. 收件时，遇到快件量超出自己最大运载能力的情况，如何处理？

收件时，遇到快件量超出自己最大运载能力的情况，如何处理？

向客户说明情况，请客户等待，并及时联系公司安排车辆将快件取回。

31.收寄签单返还快件应注意什么?

收寄签单返还快件应注意什么?

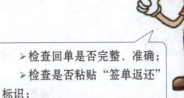

➢ 检查回单是否完整、准确;
➢ 检查是否粘贴"签单返还"标识;
➢ 录入运单信息时,注明"签单返还快件"。

32.收寄代收货款快件应注意什么?

收寄代收货款快件应注意什么?

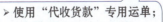

➢ 使用"代收货款"专用运单;
➢ 核对物品数量、发票及单据;
➢ 运单上代收金额必须使用中文大写金额数字。

第一篇 快件收派业务

33. 收寄到付快件应注意什么？

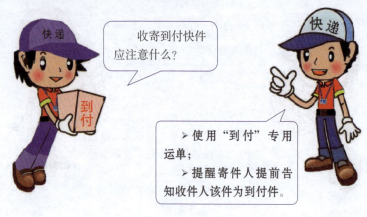

收寄到付快件应注意什么？

➤ 使用"到付"专用运单；

➤ 提醒寄件人提前告知收件人该件为到付件。

34. 收寄限时快件应注意什么？

收寄限时快件应注意什么？

➤ 优先收寄；

➤ 粘贴限时标识；

➤ 单独交接；

➤ 登记备案。

35. 快件更址的条件是什么？

哪些快件可以更址呢？

➢ 同城和国内异地快递：
快件尚未派送到收件人处
➢ 国际及港澳台快递：
快件尚未出口报关前

36. 快件更址应如何操作？

快件更址应如何操作？

快件更址可以按下图的流程所示进行操作：

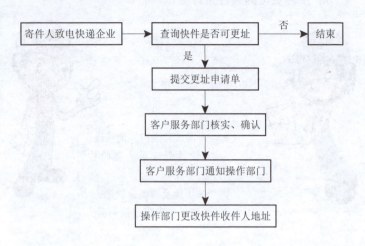

寄件人致电快递企业 → 查询快件是否可更址 → 否 → 结束

是 ↓

提交更址申请单

↓

客户服务部门核实、确认

↓

客户服务部门通知操作部门

↓

操作部门更改快件收件人地址

37. 快件撤回的条件是什么?

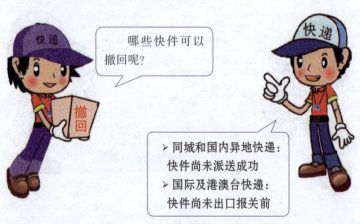

哪些快件可以撤回呢?

➢ 同城和国内异地快递:
  快件尚未派送成功
➢ 国际及港澳台快递:
  快件尚未出口报关前

38. 快件撤回应如何操作?

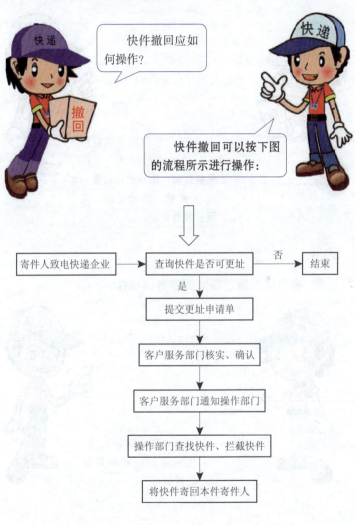

寄件人致电快递企业 → 查询快件是否可更址 —否→ 结束

是
↓

提交更址申请单

↓

客户服务部门核实、确认

↓

客户服务部门通知操作部门

↓

操作部门查找快件、拦截快件

↓

将快件寄回本件寄件人

39. 收寄完毕回到营业网点，发现有快件外包装破损，如何处理

收寄完毕回到营业网点，发现有快件外包装破损，怎么办？

➤ 两人会同在视频监控下对快件进行复重；并打开包装箱，清点内件数量；

➤ 重量、数量无误，重新包装后寄出。

40. 客户可以通过哪些渠道查询快件？

客户可以通过哪些渠道查询快件？

主要有网站查询、电话查询、网点查询三种渠道。

41. 快递企业一般怎样计算资费？

快递企业一般采用首重加续重的方式计算资费。

资费＝首重价格＋续重（计费重量）×续重价

首重：也可以称为起重，一般国内快递企业都将首重确定为 1 公斤。

续重：快件首重以外的重量，续重＝计费重量－首重。

42. 如何辨别 100 元人民币的真假？

（1）"1" 所指处有隐形的 "100" 字样，需要把票面放得和眼睛接近平行，对着光源才能看到；而假币是直接印上去的，任何角度都能看到 "100"。

（2）"2" 所指处图案和文字，用手摸，凸凹感会非常明显；假币没有凸凹感。

（3）"3" 所指金属线。真币是完整的一条，假币中间一般有明显断续。

（4）"4" 所指处对着光亮看，真币两面的图形会合在一起，成为一个非常完整的中国古铜钱 "孔方" 形状。

（5）"5" 所指处也有个 "100" 的隐形字样。假币也有，但和真币对照看，差别很明显。

（6）"6" 所指处随真币上下晃动，"100" 的字样会变颜色，一会变蓝一会变绿，假币完全不变。

43. 我国海关一般将出境快件分成哪几类？

我国海关一般将出境快件分成哪几类？

➤ 文件类；
➤ 个人物品类；
➤ 货物类。

44. 正式报关的出境快件，寄件人应提供哪些单据？

正式报关的出境快件，寄件人应提供哪些单据？

运单、发票、装箱单、代理报关委托书、贸易合同、出境货物通关单、出口许可证等。

快件派送

45. 快件派送有哪几种形式?

快件派送主要有哪几种形式?

➢ 按名址面交;
➢ 收件人自取;
➢ 与用户协商投递。

46. 快件派送应提供几次免费派送?

我们应提供几次免费派送呢?

《快递服务》国家标准中规定快递企业应对快件提供至少2次免费派送。

47. 派送快件时应重点注意什么？

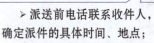
派送快件时应
重点注意什么？

> ➤ 派送前电话联系收件人，确定派件的具体时间、地点；
> ➤ 核实收件人信息；
> ➤ 提醒收件人检查快件外包装；
> ➤ 收件人签字确认。

48. 哪些快件可由客户自取？

哪些快件可
由客户自取？

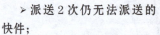

> ➤ 派送 2 次仍无法派送的快件；
> ➤ 客户约定自取的快件；
> ➤ 相关政府部门（如海关、公安等）提出要求的快件。

49. 派前交接时应核对哪些内容？

派前交接时我应核对哪些内容？

> ➢ 核对快件数量；
> ➢ 核对收件人名址，是否有错分、地址错误、超范围等情况；
> ➢ 核对是否有外包装破损、重量有误等异常；
> ➢ 核对快件到付款、代收款金额；
> ➢ 双方签字／系统确认。

50. 派前交接时，发现快件外包装破损如何处理？

派前交接时发现快件外包装破损怎么办？

> ➢ 首先会同处理人员对快件进行复重。
> ➢ 如果重量与运单重量不符，上报主管人员并将快件留仓跟进处理；
> ➢ 如果相符，处理人员重新包装快件，在派送路单上备注后进行试派。

第一篇　快件收派业务

51. 派前交接时，发现有液体渗漏的快件如何处理？

派前交接时发现有液体渗漏的快件怎么办？

立即停止前转！！

对有液体渗漏的快件，不予接收，单独存放并及时报告。

52. 哪些快件应优先派送？

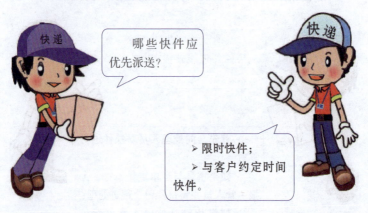

哪些快件应优先派送？

➢ 限时快件；
➢ 与客户约定时间快件。

53. 派件时如何进行排序?

派件时应根据什么进行排序?

➢ 根据快件的派送时效;
➢ 根据快件的派送路线。

54. 派件装车时，应注意哪些事项?

派件装车时，应注意哪些事项?

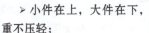

➢ 小件在上，大件在下，重不压轻;
➢ 先派后装;
➢ 小件入筐;
➢ 合理码放;
➢ 及时上锁。

第一篇 快件收派业务

35

55. 制作派送路单有哪些注意事项?

制作派送路单注意哪些事项?

➢ 快件信息和数量应确保准确;

➢ 应收款(到付款、代收货款等)的金额一定要准确无误;

➢ 路单的流水号要连续,避免出现重号或跳号现象;

➢ 会同处理人员在路单上签字确认。

56. 使用电动三轮车派件时,应注意哪些交通安全事项?

使用电动三轮车派件时,应注意哪些交通安全事项?

➢ 遵守交通法规,严禁逆行、超载、闯红灯;

➢ 时速不应超过 15 公里,每辆车限乘坐一人;

➢ 停放时及时上锁。

57. 使用汽车派送快件时，应注意哪些交通安全事项？

使用汽车派件时，应注意哪些交通安全事项？

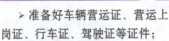

> ➤ 准备好车辆营运证、营运上岗证、行车证、驾驶证等证件；
> ➤ 严格遵守交通法规；
> ➤ 做好预见性驾驶；
> ➤ 做好应急驾驶。

58. 哪些有效证件可以证明收件人的身份？

哪些证件可以证明收件人的身份？

居民身份证、驾驶证、护照、社保卡、军官证、户口簿等（如下图）。

居民身份证	驾驶证	护照	社保卡	军官证	户口簿

59. 如不能在规定时间将快件送达，如何处理？

如不能在规定时间将快件送达，怎么办？

应及时联系收件人协商派送时间，并将延误原因记录在派送路单或输入到手持终端，下一班次优先派送。

60. 派送过程中业务员应注意哪些事项？

派件过程中业务员应注意哪些事项？

➢ 注意人身及快件安全；
➢ 注意交通安全；
➢ 不能代替客户签字；
➢ 妥善保管现金。

61. 派件途中快件被盗，如何处理？

派件途中快件被盗，怎么办？

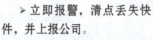

> ➢ 立即报警，清点丢失快件，并上报公司。
> ➢ 在系统中登记快件未能派送原因。

62. 派件时收件人不在，如何处理？

派件时收件人不在怎么办？

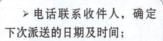

> ➢ 电话联系收件人，确定下次派送的日期及时间；
> ➢ 若收件人电话不通，留下派送通知单，告知联系方式、再次派送的日期与时间。

第一篇　快件收派业务

63. 派件时，发现快件外包装破损，如何处理？

派件时发现快件外包装破损怎么办？

> ➢ 提醒收件人先验视内件，若内件完好，请收件人签收；
> ➢ 若收件人拒收，向收件人致歉，并批注拒签原因；
> ➢ 报告主管，说明原因，并在系统中备注未派出原因。

64. 收件人不在，而其指定的第三方（如门卫）又不愿签收，如何处理？

收件人不在，而其指定的第三方（如门卫）又不愿签收，该如何处理？

联系收件人告知原因，与其约定再次派送时间和方式。

65. 派件时如何处理名址不详的快件？

派件时有名址不详的快件怎么办？

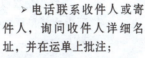

➢ 电话联系收件人或寄件人，询问收件人详细名址，并在运单上批注；

➢ 通过信息系统查询收件人详细信息并在运单上进行批注。

66. 派件时同一地址发现重名收件人，如何处理？

派件时同一地址发现重名收件人怎么确认？

按运单上的电话联系收件人，能确认的直接派送。

第一篇　快件收派业务

67. 派件时收件人拒绝签收，如何处理？

派件时，收件人拒绝签收怎么办？

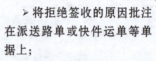

> 将拒绝签收的原因批注在派送路单或快件运单等单据上；
> 将异常派送信息上传到企业信息查询系统。

68. 派件时收件人拒绝支付到付运费，如何处理？

收件人拒绝支付到付运费怎么办？

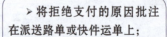

> 将拒绝支付的原因批注在派送路单或快件运单上；
> 快件带回网点，并将未能派出原因上传到信息系统；
> 上报客服跟进处理。

69. 派送保价快件时，应注意哪些事项？

派送保价快件时，需要注意什么？

提醒客户检查外包装及保价封签是否完好无损，客户验视无异议后，签收快件。

70. 派送限时快件时，应注意哪些事项？

派送限时快件时，需要注意什么？

➢ 优先派送；
➢ 派送到收件人本人；
➢ 及时录入派送信息。

71. 派送代收货款快件时，应注意哪些事项?

派送代收货款快件时，需要注意什么?

➢ 提前通知收件人准备货款;
➢ 按详情单上的金额收取货款;
➢ 当天交款交单;
➢ 及时上传派送信息。

72. 派送签单返还快件时，应注意哪些事项?

派送签单返还快件时，需要注意什么?

➢ 检查回单的完整性;
➢ 将回单交由指定的客户签字或盖章;
➢ 派送完毕登记备案，及时回寄回单。

73. 快件签收时应注意哪些事项?

快件签收时，需注意什么？

➢ 一般由收件人本人签收。

➢ 如果外包装出现明显破损，应告知收件人先验视内件再签收。

➢ 他人代签时，应核实代收人身份，并告知代收人代收责任。

➢ 禁止业务员代替客户签字或盖章。

74. 派件时遇到公安、安全、邮政等政府执法部门查扣快件，如何处理?

派件时遇政府执法部门查扣快件，怎么办？

➢ 报告公司；

➢ 要求双人执法并出示执法证件，配合检查；

➢ 索要查扣收据。

第一篇　快件收派业务

75. 派送代缴关税快件，应注意哪些事项？

派送代缴关税快件，应注意什么？

➢ 确认收件人名址；
➢ 提前通知收件人备款；
➢ 核对代缴关税单证；
➢ 按单证收取应收款；
➢ 及时上传签收信息。

76. 派送完毕回到网点后，应复核哪些信息？

派送完毕回到网点后，应复核哪些信息？

➢ 复核签收情况，有无漏签、草签；
➢ 复核应收款是否足额收取；
➢ 复核无法派送快件的批注情况；
➢ 复核派送信息。

77. 哪些快件可以作为无着快件处理？

哪些快件可以作为无着快件处理？

> 无法派送、无法退回且保管期满仍无人领取的快件；
> 寄件人声明放弃的快件。

第二篇
快件处理业务

大家好！我是处理中心的齐娃，在处理中心已经工作六年了，很高兴跟大家一块探讨处理方面的业务。

大家好！我是处理中心新来的真娃，我有好多问题想问问齐娃主管呢。

78. 快件处理中心一般有几种功能？

快件处理中心一般有几种功能？

> 集散交换功能
> 分拣功能
> 分布式仓储功能

79. 快件车辆到达时，引导车辆应注意什么？

快件车辆到达时，引导车辆应注意什么呢？

停靠在指定位置，注意车辆和人身安全，特别要注意工作人员在引导车辆时不能站在车的正后方，与车保持至少1.5米的间距。

80. 快件运输车辆到达处理中心，如何检查车辆封志？

快件运输车辆到达处理中心，如何检查车辆封志？

检查是否有拆动痕迹，核对封志条码是否与路单一致。

81. 车辆封志异常，如何处理？

车辆封志异常怎么办？

接押双方协同检查，路单批注，双方签字确认。

51

82. 总包接收的工作内容有哪些?

总包接收的工作内容有哪些?

➢ 引导车辆停靠;
➢ 检查总包路单;
➢ 检查车辆封志;
➢ 核对总包数量;
➢ 验视是否破损;
➢ 双方签字确认。

83. 总包接收时应注意哪些问题?

总包接收时应注意哪些问题?

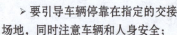

➢ 要引导车辆停靠在指定的交接场地,同时注意车辆和人身安全;

➢ 检查车辆封志是否正常,有无拆动痕迹,卫星定位信息有无异常停车或异常开启车门的记录;

➢ 如果总包数量与路单信息不符,需双方当面查清核实并批注实收数量。

84. 如果卫星定位信息有异常停车的记录，如何处理？

如果卫星定位信息有异常停车的记录，怎么办？

接押双方协同检查核实总包数量，路单批注，双方签字确认。

85. 接收总包时，应验视什么？

接收总包时，需验视什么呢？

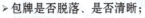

➢ 包牌是否脱落、是否清晰；
➢ 是否破损；
➢ 是否水湿油污；
➢ 是否错发。

86. 错发的总包如何处理?

错发的总包怎么处理呢?

对于错发的总包，应上报主管，按最快方式进行转发，同时应向上一环节缮发快件差异报告或系统留言。

87. 导致总包错发的原因有哪些?

导致总包错发的原因有哪些?

书写不规范、地名相似、错分、错装。

88. 常见相似地名有哪些？

地名	相似地名	地名	相似地名
深圳（广东）	深州（河北）	梧州（广西）	梅州（广东）
东营（山东）	东莞（广东）	湖州（浙江）	沧州（河北）
临沧（云南）	临汾（山西）	庆阳（甘肃）	安阳（河南）
丽水（浙江）	丽江（云南）	揭阳（广东）	咸阳（陕西）
扬州（江苏）	抚州（江西）	宜昌（湖北）	宜宾（四川）
辽阳（辽宁）	辽源（吉林）	阜新（辽宁）	阜阳（安徽）
吉安（江西）	南安（福建）	济源（河南）	河源（广东）

89. 总包处理过程中，包牌字迹不清，如何处理？

总包处理过程中，包牌字迹不清怎么办？

按照总包袋上的条形码进行处理。

90. 总包接收过程中，包牌脱落，如何处理？

总包接收过程中，包牌脱落怎么办？

➢拆解总包，检查快件路向；

➢如果是总包错发，应补包牌，重新按正确路向发运；

➢如果总包发运路向正确，应直接进入下一环节。

91. 接收总包时，总包有严重破损，如何处理？

接收总包时，总包有严重破损如何处理？

➢报告作业主管，并对破损的总包进行拍照；

➢在视频监控下拆解总包，对照清单核对数量、检查快件是否破损；

➢如有快件遗失，应向上一个环节缮发快件差异报告或系统留言。

92. 接收总包时，发现总包水湿、油污或异味，如何处理？

接收总包时，发现总包水湿、油污或异味怎么办？

➤ 通知相关人员尽快拆解，对总包内快件进行检查，如果快件水湿、油污或异味情况严重，找出污染源，向上一环节缮发差异报告或系统留言；

➤ 疑似危险品，报告作业主管。

93. 卸载快件总包，怎样做好人身安全防护？

卸载快件总包，怎么做好自身安全防护呢？

➤ 运输车辆停稳后进行作业；

➤ 防护用品佩戴齐全；

➤ 卸载大件重件，双人协同作业或使用卸载工具；

➤ 发现液体或粉末状固体渗漏，不得直接触摸或鼻嗅，必须使用专用防护工具处理。

94. 快件分拣处理过程中，如何保障快件安全？

快件分拣处理过程中如何保障快件安全？

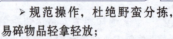

➤ 规范操作，杜绝野蛮分拣，易碎物品轻拿轻放；
➤ 使用快件容器，不乱堆乱放；
➤ 设置大件处理区，文件类快件不能上传送带分拣；
➤ 贵重物品快件特殊处理。

95. 在快件处理场地，人身安全应注意什么？

在快件处理场地，人身安全应注意什么呢？

快件处理遵章纪，人身安全要牢记；
分拣设备不能踩，跨越必须走扶梯；
搬运重件要防护，长发盘起防卷入；
带电设备要注意，关闭电源要小心；
场地不能乱走动，看到车辆应避让。

96. 在快件处理场地，消防安全应注意什么？

在快件处理场地，消防安全应注意什么呢？

处理场地箱袋多，预防火灾任务重；
烟头容易引火灾，禁止吸烟莫要忘；
易燃杂物日清理，烟感喷淋标准装；
电源电线无破损，漏电保护有保障；
明火电炉电热杯，千万远离处理场。

97. 快件处理场地封闭式管理有什么具体要求？

快件处理场地封闭式管理有什么具体要求？

➢ 禁止闲人进入，工作人员佩带工牌进入；
➢ 按规定时间进入场地，工作时间不脱岗，交接完毕马上离场；
➢ 作业结束应关闭规定的电源、电器设备。

很多事故的发生，造成了惨痛的后果，我们必须要注意安全呀！

第二篇　快件处理业务

案例 1

某快递公司员工在处理场地跨越传送带，此时正好传送带启动，该员工摔倒在地，造成骨折。

案例 2

安徽霍邱某快递公司员工不遵守安全操作规定，带一岁多的孩子进入快件处理场地，孩子被传送带卡住，导致严重脑损伤，全身无法活动，无法张嘴说话，全靠吸氧维持呼吸。

98.快件处理人员泄露用户信息会导致什么后果？

快件处理人员泄露用户信息会导致什么后果？

业务处理中接触到的用户信息不能泄露，更不能有意收集用户信息，否则需要承担法律责任。

99. 拆解总包作业流程分哪几步？

拆解总包作业流程分哪几步？

➢ 准备用品用具；
➢ 验视总包路向；
➢ 扫描包牌条码信息；
➢ 拆解总包封志；
➢ 取出总包内快件；
➢ 扫描快件条码；
➢ 检查快件并核对数量；
➢ 查看包袋清理现场。

第二篇　快件处理业务

61

100. 总包拆解后要注意哪些异常情况?

总包拆解后要注意哪些异常情况?

> ➢ 快件短少、错发、水湿、油污等;
> ➢ 快件外包装破损或有拆动痕迹;
> ➢ 快件运单地址残缺;
> ➢ 内件破损或有渗漏、发臭、腐烂变质现象。

101. 总包拆解后总包内快件数量短少, 如何处理?

总包拆解后总包内快件数量短少如何处理?

> 与信息比对, 查找短少快件单号, 向上一个环节发送快件差异报告, 查明原因。

102. 总包拆解拆出的快件水湿、油污严重，如何处理？

总包拆解拆出的快件水湿、油污严重如何处理？

立即停止前转！！

水湿油污严重的快件，交相关人员处理，向上一个环节缮发快件差异报告。

103. 总包拆解拆出的快件外包装破损，如何处理？

总包拆解拆出的快件外包装破损怎么处理？

及时复重，重量相符，加固包装后进入下一环节；重量不符，双人在视频监控下对破损快件进行处理，向上一个环节缮发快件差异报告。

104. 快递运单条码污损，手持终端不能识读，如何处理？

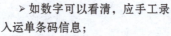

快递运单条码污损手持终端不能识读怎么办？

➢ 如数字可以看清，应手工录入运单条码信息；

➢ 如果条码上数字不清，应从清单上或通过信息系统查找快件信息，然后手工录入条码信息。

105. 快递运单地址残缺，如何处理？

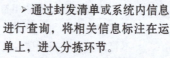

快递运单地址残缺怎么处理？

➢ 通过封发清单或系统内信息进行查询，将相关信息标注在运单上，进入分拣环节。

➢ 如果不能通过封发清单或系统内信息查询到快递运单地址，交作业主管处理。

106. 处理场地中发现快件有粉末或液体渗漏现象，如何处理？

处理场地中发现快件有粉末或液体渗漏现象应如何处理？

➢ 立即停止中转，隔离快件，及时报告，不得直接触摸或鼻嗅；

➢ 由公司专职安全人员判断是否是危险品；

➢ 确认不是危险品，按照破损件处理流程处理；

➢ 如是危险品，立即疏散现场人员，设立隔离区，报告公安、国安、邮政管理部门到场处理。

案例

天津某快递企业的一件同城快件外包装破损，造成粉末泄漏，到达处理场地后，一名操作人员发现一个瓶子冒白烟，赶快把瓶子拿到户外，并用水试图浇灭烟雾，没想到一浇水，空气中产生了刺鼻的气体，在场的12名快递人员先后出现头晕、呼吸困难等中毒症状，被送往医院救治。快递公司被责令停业15天进行整顿，而寄件者由于邮寄违禁物品造成多人中毒事件，已被移交公安部门进行处理。

第二篇　快件处理业务

该"白色粉末"是一种化学试剂，是天津市一所高校实验室购买的化学试剂，它的学名叫做"氯化亚砜"，这种试剂一旦暴露在空气中就会产生烟雾，遇水产生二氧化硫，空气中二氧化硫浓度过高时会损伤人的呼吸系统，产生呼吸困难，憋气、头晕等中毒症状，更严重的情况还会导致呼吸衰竭直至死亡。**处理场地中的疑似危险品应由专业人员进行处理。**

107. 处理环节如何交接保价快件？

处理环节如何交接保价快件？

保价快件

当面交接，严格验视，专人处理。

108. 分拣时遇到包装破损的快件，如何处理？

分拣时遇到包装破损的快件怎么处理？

> ➤ 若**轻微破损**，只需对快件原包装破损处用封箱带予以**加固**，按正常件进行处理即可；
>
> ➤ 若有**明显破损**或撕裂，判断很可能影响到快件内件品质，应将快件取出，做好复查、拍照工作，然后会同主管，在视频监控下**开拆**快件，**验视**快件内件是否已经发生损坏；
>
> ➤ 若快件内件未发生损坏，应对寄递物品按要求**重新包装**并中转；
>
> ➤ 若快件内件已经发生损坏，视情况进行滞留，同时向上一环节缮发快件差异报告，通知客服部门联系寄件人，协商解决。

109. 分拣时遇到无运单的快件，如何处理？

分拣时遇到无运单快件怎么处理？

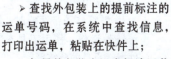

> ➤ 查找外包装上的提前标注的运单号码，在系统中查找信息，打印出运单，粘贴在快件上；
>
> ➤ 如果外包装上没有标注运单号码，将快件交专人处理。

110. 哪些快件不能上传送带分拣？

哪些快件不能上传送带分拣？

超大、超重、不规则快件、信件类快件不允许上传送带。

111. 发现三超快件（超重、超大、超高）上传至传送带，如何处理？

发现三超快件（超重、超大、超高）已经上传至传送带上，怎么办？

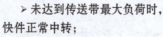

➤ 未达到传送带最大负荷时，快件正常中转；

➤ 影响传送带运转时，停止传送带运作，使用工具车将快件搬运至目的分拣区；

➤ 通知相关人员拍照并上报。

112. 当传送带的负载超过最大负荷时，如何处理？

当传送带的负载超过最大负荷时，怎么办？

➢ 立即停止传送带运转，人工卸下部分快件，减轻传送带压力。传送正常后，再陆续的将卸下快件送上传送带；

➢ 控制上件速度，防止再次出现超负荷情况。

113. 操作处理过程中，传送带突然停止，此时如何处理？

操作处理过程中，传送带突然停止，此时如何处理？

➢ 如果是停电原因，及时启用备用电源或发电机；

➢ 如果是设备故障，不要擅自处置，及时找专业维修人员维修。

114. 分拣时，发现运单上的目的地大头笔标注错误，如何处理？

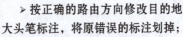

分拣时，发现运单上的目的地大头笔标注错误，怎么办？

➤ 按正确的路由方向修改目的地大头笔标注，将原错误的标注划掉；
➤ 更改后按正确的目的地进行分拣；
➤ 拍照上报，告知发件公司。

115. 使用移动扫描设备应注意什么？

使用移动扫描设备应注意什么？

➤ 按电源键开启，首先检查条码识读设备运行状态是否正常，电量是否充足；
➤ 登陆信息处理操作界面，选择相应的操作模块，输入操作员工号、密码；
➤ 逐件扫描快件条形码，扫描时条码设备发出的激光束应与条码垂直，使条形码完全被激光束覆盖；
➤ 若扫描无效，尝试变化扫描距离；发生错扫现象，点击撤销；条码扫描失败或条码污损无法扫描的，手工键入条码信息；
➤ 将扫描结果与信息比对，如果出现不符，系统自动判断上传结果并记录。

116. 到件或发件扫描时，移动扫描设备出现乱码，如何处理？

到件或发件扫描时，移动扫描设备出现乱码怎么办？

➤ 向主管人员报告，更换设备继续操作；

➤ 技术人员进行检测排除故障；

➤ 故障无法排除时，返厂进行维修。

117. 快件装袋时应注意什么？

快件装袋时应注意什么？

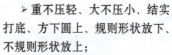

➤ 重不压轻、大不压小、结实打底、方下圆上、规则形状放下、不规则形状放上；

➤ 总包最大重量一般不超过32公斤，装袋不超过三分之二。

118. 封装总包有哪些要求？

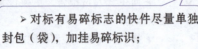

封装总包有哪些要求？

➢ 对标有易碎标志的快件尽量单独封包（袋），加挂易碎标识；

➢ 信件类快件与物品类快件应分别封装总包；

➢ 保价、限时等特殊快件应分别封装总包；

➢ 一票多件应封装到同一个总包中。

119. 为什么要建立总包？

为什么要建立总包？

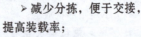

➢ 减少分拣，便于交接，提高装载率；

➢ 防止小件遗失、损坏。

120. 包牌（包签）填写应注意什么?

包牌（包签）填写应注意什么?

➤ 使用规范汉字和阿拉伯数字及代码;

➤ 准确完整填写各项内容,如始发地、目的地、重量、件数、时间等。

121. 操作手动液压搬运车应注意什么问题?

操作手动液压搬运车应注意什么问题?

要注意下图中所示问题。

73

使用之前，你一定要知道刹车在哪里，这样你才能及时地把车停下来	操作的时候不要太匆忙，不然货物会掉下来的

小心对待货物，尤其是易碎品，一定要放的低一些	使用的时候，一定要保证托盘平衡，不然很容易让货物发生侧翻

122. 使用叉车应注意什么问题？

使用叉车应注意什么问题？

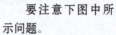

要注意下图中所示问题。

检查叉车

每天在使用叉车前都必须检查叉车状态，如发现不安全之处需要及时维修。

不得超载

叉车不得超载，按照铭牌上的最大载荷重量和载荷中心距操作。

快件居中

叉取快件前，根据快件的宽度尽量将两根货叉分开，起升时，确保快件居中。

预防横向纵向倾翻

过载、急转弯、门架升起时行驶都容易引起倾翻，行驶时一定降下门架，不要急转弯。

注意其他人员

不允许任何人站在或经过提升起的货叉下，也不允许直接站在叉车后面或转变时的后部回旋区内。

转变时注意叉车尾部的摆

在窄小的通道或场所转变时应注意叉车部尾摆，叉车是利用后轮进行转身的，在转变时可能产生很大的摆动。

123. 总包堆码时堆位如何设置？

总包堆码时堆位如何设置？

➢ 根据不同航班和车次及赶发时限的先后顺序建立堆位；

➢ 车次或航班的代码和文字等相近、相似的堆位要相互远离；

➢ 各堆位之间应有明显的隔离或标志，留有通道。

124. 堆码有哪些要求？

堆码有哪些要求？

➢ 牢固：堆码应不偏不斜、牢固结实；

➢ 合理：不同快件分开堆码；

➢ 整齐：排列整齐规范，包牌详情单向外；

➢ 定量："五五法"堆码，便于计数和盘点；

➢ 节约：注意节省空间。

125. 装车时应注意什么？

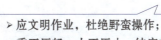
装车时应注意什么？

> ➢ 应文明作业，杜绝野蛮操作；
> ➢ 重不压轻，大不压小，结实打底，方下圆上，规则形居底，不规则形摆上；
> ➢ 做好个人防护；
> ➢ 发生有渗漏、破损总包和快件不得装载，交专人处理。

126. 装车时不满载应注意什么？

装车时不满载应注意什么？

> ➢ 在不满载情况下，应注意均匀分配车辆的前后两端和左右两侧的堆码的高度和重量，防止倒落或偏重；
> ➢ 每层之间要交错码放，保证车辆转弯或刹车时不散堆。

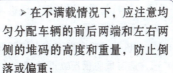

第二篇　快件处理业务

127. 途经两个以上中转站点的车辆，应如何装车？

途经两个以上中转站点的车辆，应如何装车？

要按"先出后进"或"先远后近"的原则装载并使用隔离网。

128. 伸缩输送机的安全使用注意事项？

伸缩输送机的安全使用应注意什么？

➢ 开机前要注意伸缩输送机伸出方向有无操作人员；

➢ 机器运转时要有专人控制开关按钮，遇有危急情况立即关机；

➢ 作业时严禁操作人员踩踏输送机，防止发生安全事故。

129. 建立车辆封志应注意什么？

建立车辆封志应注意什么？

交接双方眼同封车，记录封志编号，双方签字。

130. 处理场地班次交接注意事项有哪些？

处理场地班次交接应注意什么？

➢ 检查场地内是否有遗留快件；
➢ 将各类操作工具整理并放置固定位置；
➢ 对出现故障的设备及时检修，不能影响下班次的操作；
➢ 对问题件进行检查和交接；
➢ 检查现场安全设施，消除安全隐患。

131. 处理场所清场时，发现有遗留快件，如何处理？

处理场所清场时，发现有遗留快件，怎么处理？

➢ 如能赶发有效班次，及时赶发；

➢ 如不能赶发有效班次，上传系统，交由下一班次及时处理。

132. 操作处理过程中，发生工伤，如何处理？

操作处理过程中，发生工伤，如何处理？

➢ 如伤势较轻，应展开自救，救治伤者；

➢ 如果伤势严重，应最快拨打120急救电话，并及时向本单位负责人汇报事故情况，获取援助和指导；

➢ 如果工伤现场很危险，如火灾、爆炸、毒气等事故现场，应及时撤离；

➢ 保护事故现场。

附录一　国内地级以上城市的电话区号

（1）北京市 010

（2）天津市 022

（3）河北省：

石家庄市 0311　保定市 0312　张家口市 0313　承德市 0314

唐山市 0315　　廊坊市 0316　沧州市　0317　衡水市 0318

邢台市 0319　秦皇岛市 0335　邯郸市　0310

（4）山西省：

太原市 0351　大同市 0352　阳泉市 0353　晋中市 0354

长治市 0355　晋城市 0356　临汾市 0357　吕梁市 0358

运城市 0359　朔州市 0349　忻州市 0350

（5）内蒙古自治区：

呼和浩特市 0471　包头市 0472　乌海市 0473　乌兰察布市 0474

通辽市 0475　赤峰市 0476　鄂尔多斯市 0477　巴彦淖尔市 0478

锡林郭勒盟 0479　兴安盟 0482　阿拉善盟 0483　呼伦贝尔市 0470

（6）辽宁省：

沈阳市 024　　抚顺市 024　　铁岭市 024　　大连市 0411

鞍山市 0412　本溪市 0414　丹东市 0415　锦州市 0416

营口市 0417　阜新市 0418　辽阳市 0419　朝阳市 0421

盘锦市 0427　葫芦岛市 0429

（7）吉林省：

长春市 0431　吉林市 0432　延边朝鲜族自治州 0433

四平市 0434　通化市 0435　白城市 0436　辽源市 0437

松原市 0438　白山市 0439

（8）黑龙江省：

哈尔滨市 0451　齐齐哈尔市 0452　牡丹江市 0453　佳木斯市 0454

绥化市 0455　黑河市 0456　大兴安岭地区 0457　伊春市 0458

大庆市 0459　七台河市 0464　鸡西市 0467　鹤岗市 0468

双鸭山市 0469

（9）上海市 021

（10）江苏省：

南京市 025　　无锡市 0510　镇江市 0511　苏州市 0512

南通市 0513　扬州市 0514　盐城市 0515　徐州市 0516

淮安市 0517　连云港市 0518　常州市 0519　泰州市 0523

宿迁市 0527

（11）浙江省：

杭州市 0571　湖州市 0572　嘉兴市 0573　宁波市 0574

绍兴市 0575　台州市 0576　温州市 0577　丽水市 0578

金华市 0579　舟山市 0580　衢州市 0570

（12）安徽省：

合肥市 0551　蚌埠市 0552　芜湖市 0553　淮南市 0554

马鞍山市 0555　安庆市 0556　宿州市 0557　亳州市 0558

阜阳市 0558　黄山市 0559　淮北市 0561　铜陵市 0562

宣城市 0563　六安市 0564　池州市 0566　滁州市 0550

（13）福建省：

福州市 0591　厦门市 0592　宁德市 0593　莆田市 0594

泉州市 0595　漳州市 0596　龙岩市 0597　三明市 0598

南平市 0599

（14）江西省：

南昌市 0791　九江市 0792　上饶市 0793　抚州市 0794

宜春市 0795　吉安市 0796　赣州市 0797　景德镇市 0798

萍乡市 0799　新余市 0790　鹰潭市 0701

（15）山东省：

济南市 0531　青岛市 0532　淄博市 0533　德州市 0534

烟台市 0535　潍坊市 0536　济宁市 0537　泰安市 0538

临沂市 0539　滨州市 0543　东营市 0546　威海市 0631

枣庄市 0632　日照市 0633　莱芜市 0634　聊城市 0635

菏泽市 0530

（16）河南省：

郑州市 0371　安阳市 0372　新乡市 0373　许昌市 0374

平顶山市 0375　信阳市 0376　南阳市 0377　开封市 0378

洛阳市 0379　济源市 0391　焦作市 0391　鹤壁市 0392

濮阳市 0393　周口市 0394　漯河市 0395　驻马店市 0396

三门峡市 0398　商丘市 0370

（17）湖北省：

武汉市 027　襄樊市 0710　鄂州市 0711　孝感市 0712

黄冈市 0713　黄石市 0714　咸宁市 0715　荆州市 0716

宜昌市 0717　恩施土家族苗族自治州 0718　十堰市 0719

随州市 0722　荆门市 0724

（18）湖南省：

长沙市 0731　株洲市 0731　湘潭市 0731　衡阳市 0734

郴州市 0735　常德市 0736　益阳市 0737　娄底市 0738

邵阳市 0739　湘西土家族苗族自治州　0743　张家界市 0744

怀化市 0745　永州市 0746　岳阳市 0730

（19）广东省：

广州市 020　汕尾市 0660　阳江市 0662　揭阳市 0663

茂名市 0668　江门市 0750　韶关市 0751　惠州市 0752

梅州市 0753　汕头市 0754　深圳市 0755　珠海市 0756

佛山市 0757　肇庆市 0758　湛江市 0759　中山市 0760

河源市 0762　清远市 0763　云浮市 0766　潮州市 0768

东莞市 0769

（20）广西壮族自治区：

南宁市 0771　崇左市 0771　柳州市 0772　来宾市 0772

桂林市 0773　梧州市 0774　贺州市 0774　玉林市 0775

贵港市 0775　百色市 0776　钦州市 0777　河池市 0778

北海市 0779　防城港市 0770

（21）海南省：

海口市 0898　三亚市 0898

（22）重庆市 023

（23）四川省：

成都市 028　眉山市 028　资阳市 028　攀枝花市 0812

自贡市 0813　绵阳市 0816　南充市 0817　达州市 0818

遂宁市 0825　广安市 0826　巴中市 0827　泸州市 0830

宜宾市 0831　内江市 0832　乐山市 0833　凉山彝族自治州 0834

雅安市 0835　甘孜藏族自治州 0836　阿坝藏族羌族自治州 0837

德阳市 0838　广元市 0839

（24）贵州省：

贵阳市 0851　遵义市 0852　安顺市 0853

黔南布依族苗族自治州 0854　黔东南苗族侗族自治州 0855

铜仁地区 0856　毕节地区 0857　六盘水市 0858

黔西南布依族苗族自治州 0859

（25）云南省：

昆明市 0871　大理白族自治州 0872　红河哈尼族彝族自治州 0873

曲靖市 0874　保山市 0875　文山壮族苗族自治州 0876

玉溪市 0877　楚雄彝族自治州 0878　普洱市 0879　临沧市 0883

怒江傈僳族自治州 0886　迪庆藏族自治州 0887　丽江市 0888

西双版纳傣族自治州 0691　德宏傣族景颇族自治州 0692

昭通市 0870

（26）西藏自治区：

拉萨市 0891　日喀则地区 0892　山南地区 0893　林芝地区 0894

昌都地区 0895　那曲地区 0896　阿里地区 0897

（27）陕西省：

西安市 029　咸阳市 029　延安市 0911　榆林市 0912

渭南市 0913　商洛市 0914　安康市 0915　汉中市 0916

宝鸡市 0917　铜川市 0919

（28）甘肃省：

兰州市 0931　定西市 0932　平凉市 0933　庆阳市 0934

武威市 0935　金昌市 0935　张掖市 0936　嘉峪关市 0937

酒泉市 0937　天水市 0938　陇南市 0939　甘南藏族自治州 0941

白银市 0943　临夏回族自治州 0930

（29）青海省：

西宁市 0971　海东地区 0972　黄南藏族自治州 0973

海南藏族自治州 0974　果洛藏族自治州 0975　玉树藏族自治州 0976

海西蒙古族藏族自治州 0979　海北藏族自治州 0970

（30）宁夏回族自治区：

银川市 0951　石嘴山市 0952　吴忠市 0953　固原市 0954

中卫市 0955

附

录

（31）新疆维吾尔自治区：

乌鲁木齐市 0991　塔城地区 0901　哈密地区 0902　和田地区 0903

阿勒泰地区 0906　克孜勒苏柯尔克孜自治州 0908

克拉玛依市 0990　博尔塔拉蒙古自治州 0909　吐鲁番地区 0995

阿克苏地区 0997　昌吉回族自治州 0994　喀什地区 0998

巴音郭楞蒙古自治州 0996　伊犁哈萨克自治州 0999

附录二 我国主要城市机场航空代码

城市名称	航空代码	机场名称	所属省份
广州市	CAN	白云国际机场	广东
郑州市	CGO	新郑国际机场	河南
长春市	CGQ	龙嘉国际机场	吉林
重庆市	CKG	江北国际机场	重庆
长沙市	CSX	黄花国际机场	湖南
成都市	CTU	双流国际机场	四川
大连市	DLC	周水子国际机场	辽宁
福州市	FOC	长乐国际机场	福建
海口市	HAK	美兰国际机场	海南
呼和浩特市	HET	白塔机场	内蒙古
合肥市	HFE	骆岗机场	安徽
杭州市	HGH	萧山国际机场	浙江
哈尔滨市	HRB	太平国际机场	黑龙江
银川市	INC	河东机场	宁夏
吉林市	JIL	二台子机场	吉林
南昌市	KHN	昌北机场	江西
昆明市	KMG	巫家坝国际机场	云南
贵阳市	KWE	龙洞堡机场	贵州
桂林市	KWL	两江国际机场	广西
兰州市	LHW	中川机场	甘肃
南京市	NKG	禄口国际机场	江苏

城市名称	航空代码	机场名称	所属省份
南宁市	NNG	吴圩机场	广西
北京市	PEK	首都国际机场	北京
上海市	PVG	浦东国际机场	上海
沈阳市	SHE	桃仙机场	辽宁
石家庄市	SJW	正定机场	河北
深圳市	SZX	宝安国际机场	广东
济南市	TNA	遥墙国际机场	山东
天津市	TSN	滨海国际机场	天津
太原市	TYN	武宿机场	山西
乌鲁木齐市	URC	地窝堡国际机场	新疆
武汉市	WUH	天河国际机场	湖北
西安市	XIY	咸阳国际机场	陕西
徐州市	XUZ	观音机场	江苏
义乌市	YIW	义乌机场	浙江
珠海市	ZUH	三灶机场	广东
香港特别行政区	HKG	香港国际机场	香港特别行政区
澳门特别行政区	MFM	澳门国际机场	澳门特别行政区
台北市	TPE	桃园国际机场	台湾
高雄市	KHH	高雄国际机场	台湾

所在大洲	国家	英文缩写	首都	电话区号	邮政编码格式
亚洲	中国 China	CN	北京 Beijing	86	× × × × × ×
	印度 India	IN	新德里 New Delhi	91	× × × × × ×
	伊朗 Iran	IR	德黑兰 Teheran	98	无
	日本 Japan	JP	东京 Tokyo	81	× × × - × × × ×
	韩国 Korea	KR	首尔 Seoul	82	× ×- × × × ×
	新加坡 Singapore	SG	新加坡 Singapore	65	× × × × × ×
	阿拉伯联合酋长国 The United Arab Emirates	AE	阿布扎比 Abu Dhabi	971	无

续表

所在大洲	国家	英文缩写	首都	电话区号	邮政编码格式
欧洲	法国 France	FR	巴黎 Paris	33	× × × × ×
	德国 Germany	DE	柏林 Berlin	49	× × × × ×
	意大利 Italy	IT	罗马 Rome	39	× × × × ×
	荷兰 Netherlands	NL	阿姆斯特丹 Amsterdam	31	× × × × **
	俄罗斯 Russia	RU	莫斯科 Moscow	7	× × × × × ×
	瑞士 Switzerland	CH	伯尔尼 Bern	41	× × × ×
	英国 The United Kingdom of Great Britain and Northern Ireland	GB	伦敦 London	44	多种格式

所在大洲	国家	英文缩写	首都	电话区号	邮政编码格式
北美洲	加拿大 Canada	CA	渥太华 Ottawa	1	×＊×＊×＊×
	美国 The United States of America	US	华盛顿、哥伦比亚特区 Washington D.C	1	×××××-×××××
南美洲	阿根廷 Argentina	AR	布宜诺斯艾利斯 Buenos Aires	54	××××
	巴西 Brazil	BR	巴西利亚 Brasilia	55	×××××
	埃及 Egypt	EG	开罗 Cairo	20	无
	南非 South Africa	ZA	开普敦 Cape Town	27	××××
大洋洲	澳大利亚 Australia	AU	堪培拉 Canberra	61	××××

注：× 表示任一阿拉伯数字；＊ 表示任一英文字母。

附 录

参 考 文 献

［1］中华人民共和国国家标准. GB/T 27917.1-2011 快递服务 第 1 部分：基本术语. 北京：中国标准出版社，2012

［2］中华人民共和国国家标准. GB/T 27917.2-2011 快递服务 第 2 部分：组织要求. 北京：中国标准出版社，2012

［3］中华人民共和国国家标准. GB/T 27917.3-2011 快递服务 第 3 部分：服务环节. 北京：中国标准出版社，2012

［4］中华人民共和国人力资源和社会保障部. 快递业务员国家职业技能标准（试行）. 北京：中国劳动社会保障出版社，2008

［5］国家邮政局职业技能鉴定指导中心. 快递业务员（初级）快件收派. 北京：人民交通出版社，2009

［6］国家邮政局职业技能鉴定指导中心. 快递业务员（初级）快件处理. 北京：人民交通出版社，2009

［7］国家邮政局职业技能鉴定指导中心. 快递业务员（中级）快件收派. 北京：人民交通出版社，2011

［8］国家邮政局职业技能鉴定指导中心. 快递业务员（中级）快件处理. 北京：人民交通出版社，2011

［9］国家邮政局职业技能鉴定指导中心. 快递业务员（高级）快件收派. 北京：人民交通出版社，2012

［10］国家邮政局职业技能鉴定指导中心. 快递业务员（高级）快件处理. 北京：人民交通出版社，2012